다시, 사랑을 쓴다는 것

서린 시집

다시, 사랑을 쓴다는 것

인생서당

prologue.

서로를 사랑한다는 건,

서로를 상처 낼 수도 있다는 걸
받아들이는 일이다.

봄이 되려면
겨울의 날카로움을 견뎌야 하듯,
마음이 머무르려면
언젠가 떠날 수도 있다는 두려움도
껴안아야 한다.
우리는 편안하기 위해서
사랑하는 게 아니라,
그 사람이 언젠가
내 가슴을 먹먹하게
만들지도 모른다는 걸 알면서도,
그럼에도 불구하고,
사랑하게 된다.
사랑은 조심스러워야 한다고 배웠지만,
사실 사랑은
그 모든 조심스러움에도 불구하고

서로를 아프게 하는 순간조차
마주하는 것이다.

완벽하지 않기에,
더 달콤한 사랑.

"나는 절대 너를 아프게 하지 않을게."
한때, 이 말이 가장 로맨틱하다고 믿었다.
하지만 지금은 알 것 같다.
사랑은 이렇게 말하는 거라는 걸.

"우린 서로를 상처 낼 수도 있어.
그래도 나는 떠나지 않을게.
이해하려고 할게.
함께 배우면서 나아갈게."
사랑은 늘 위험을 감수하는 일이다.
상대가 떠날 수도 있다는 걸 알면서도
마음을 열어야 하니까.
마음이 피어나기 전에는
차가운 시간도 견뎌야 한다.

우리는
잃지 않고는 사랑할 수 없고,
아프지 않고는 살아갈 수 없는 존재니까.

누군가를 진심으로 사랑해본 사람이라면
이미 그 이별과 그 침묵의 밤을
받아들인 사람이다.
가장 깊이 안아준 사람을
가장 아프게 놓아보는 법도
함께 배워야 하는 게 사랑이다.

시인의 말

사랑이 끝났다고 생각했다.

그 사람이 떠나고 나서 한참 동안, 나는 사랑이라는 단어 자체를 입에 올리기 힘들어했다. 마치 그 말을 하는 순간 다시 아파질까 봐, 혹은 그 말이 거짓말처럼 들릴까 봐서였다. 그런데 이상하게도 밤마다 펜을 들고 있는 내 손은 계속해서 사랑에 대한 이야기를 써 내려가고 있었다.

처음에는 분노였다. 왜 떠났는지, 왜 나를 혼자 남겨두었는지에 대한. 그다음엔 그리움이었다. 돌아와달라는, 다시 한번만 기회를 달라는. 감정은 그렇게 모서리를 돌듯 바뀌어갔다. 그러다가 어느 순간 깨달았다. 내가 진짜 그리워하고 있는 것은 그 사람이 아니라, 사랑할 수 있었던 내 마음 그 자체라는 것을.

이 시집은 그렇게 시작되었다.

헤어진 사람에게 보내지 못한 편지들로 시작해서, 결국 나 자신에게 쓰는 편지로 끝나는 여정이다. 사랑을 잃었다고 생각했던 순간부터, 다시 사랑할 수 있다는 걸 깨달은 순간까지의 모든 계절들이 여기에 담겨 있다.

누군가는 말할지도 모른다. 또 사랑 타령이냐고. 하지만 나는 믿는다. 사랑만큼 우리를 성장시키는 감정은 없다고. 사랑하고, 이별하고, 아파하고, 다시 일어서는 그 모든 과정이 결국 우리를 더 단단하고 따뜻한 사람으로 만든다고.

그래서 이 책의 제목을 '다시 사랑을 쓴다는 것'이라고 했다. 다시 사랑한다는 게 아니라, 다시 사랑을 쓴다는 것. 펜으로, 마음으로, 삶으로 사랑을 써 내려간다는 것.

이 시들이 누군가의 밤을 조금이라도 덜 외롭게 하고, 누군가의 상처에 작은 위로가 될 수 있다면, 그것으로 족하다.

사랑은 끝나지 않는다. 다만 형태가 바뀔 뿐이다.

당신도 지금 혹시 그런 시간을 보내고 있는가. 누군가를 떠나 보내고, 그 빈자리가 너무 커서 어떻게 채워야 할지 모르겠는 그런 밤들을. 아니면 반대로, 누군가에게 상처를 주고 떠나온 것 같아서 마음이 무거운 그런 날들을.

괜찮다. 정말 괜찮다.

사랑했다는 것만으로도, 우리는 이미 충분히 용감했다. 누군가를 향해 마음을 열었다는 것만으로도 우리는 충분히 아름다웠다. 비록 그 사랑이 우리가 원하는 방식으로 끝나지 않았을지라도.

이 책을 읽으며 당신이 혼자가 아니라는 걸 느끼길 바란다. 같은 아픔을 겪은 사람들이 여기 있다는 걸, 그리고 그 아픔이 결국 우리를 더 깊이 있는 사람으로 만들어준다는 것을.

어떤 시는 당신을 울릴지도 모르겠다. 어떤 시는 당신을 위로할 것이다. 또 어떤 시는 당신에게 다시 일어설 용기를 줄 것이다. 그 모든 감정들을 그대로 받아들이면 된다. 피하지도, 억지로 견디지도 말고.

사랑한다는 것은 글을 쓰는 것과 같다. 처음엔 서툴고, 중간엔 복잡하고, 끝엔 뭔가 아쉽지만... 그래도 계속하게 되는 것. 다시 새 종이를 펼치고, 다시 첫 문장을 써 내려가게 되는 것.

이 책이 당신에게도 그런 새 종이가 되길 바란다.

2025년 가을
서린

이별의 자리에

나는 여전히

앉아 있었다

1부
상실의 계절

사랑은 끝났지만,
나는 아직 그 겨울 속에 머문다.

칫솔 하나가 말라가고
Delete를 눌러도
빨간 하트는 지워지지 않는다
사랑이 끝났다고 해서
모든 것이 사라지는 건 아니다
겨울은 끝났는데
나는 여전히 그 계절 속에 머문다
네가 떠난 뒤에도
방 안의 공기는 차갑고
손끝은 아직 네 흔적을 더듬는다
남은 건 너의 부재가 아니라
그 부재를 감당하지 못하는 나다

네 칫솔이 말라가는 소리

6개월째
네가 설정해놓은 새벽 7시 알람이 운다

일어나, 지각해

누구 보고 일어나라는 거야

네 칫솔이
세면대 구석에서 바스락거린다

6개월째 혼자
말라가고 있다

나처럼

사랑하던 사람이 떠나면
그 사람만 사라지는 게 아니다

모든 물건이 유령이 된다

이젠
새벽 7시가 되면 저절로 눈이 떠진다
네 알람이 울기도 전에

멈춘 장면, 멈춘 우리

넷플릭스 47%에서 멈춘 영화

내일 마저 보자.

그 내일은
6개월째 오지 않는다

가끔 47%를 누른다

네가 옆에 앉을까 봐

바보 같은 기대

영화 제목도 기억 안 나는데
네 웃음소리는 기억난다

너의 주문을 따라하며

카페라떼 미디움
바닐라 시럽 추가

네 주문을 시켰다

달다

인생이 쓸 때가 많으니까
네가 했던 말

샷을 추가한다

네가 싫어하던 그 쓴맛을

바닐라 시럽 추가
샷 추가
뜨겁게 해주세요

내 주문이 되어간다

천천히

달콤하지만 쓴
내 인생의 맛

Delete를 17번 눌렀다

갤러리 1,247장

Delete 버튼을 누른다

정말로 삭제하시겠습니까?

아니다

취소
Delete
취소
Delete

17번째에서야
확인을 누른다

1,247장이
0장이 됐다

머릿속 갤러리는
여전히 꽉 차 있다

이 망할
용량 무제한

네가 그린 하트 이모티콘

잘자🖤

2024년 10월 15일 오후 11:47

네가 마지막으로 보낸 하트

그 뒤로 두 달이 지났는데
아직도 빨갛다

밤 12시
보고 싶어🖤

아침 9시
읽음 0

하트 하나가 혼자
빨갛다

한 달째 빨지 않는 베개커버

한 달째
베개커버가 그대로다

네 향수 냄새가
아직 눌어붙어 있어서

붙잡으려는 듯
숨처럼 들이켰다

네가 쓰던 향수를 샀다
네 냄새가 아니다

베개커버를 벗긴다

오른쪽이 너무 넓은 침대

침대 오른쪽이 넓다
빈자리가
내 마음처럼 움푹하다

책으로 메워도
인형으로 눕혀도
끝내 채워지지 않는다

비어 있는 건
침대가 아니라
너가 뚫고 지나간
나였다

진단명: 그리움

어깨가 아프다

병원에 갔다
이상 없습니다

깃털 같던 그리움이
바위가 되어 매달렸다

사랑이 떠나도
무게는 남는다

두 글자의 이별

잘 지내

네가 문 앞에서
뒤돌아보지도 않고
던진 그 말

가장 잔인한 축복

잘 지내라니
너 없이 어떻게?

아침에 눈 뜨면
좋은 아침 할 사람 없고
점심에 혼자 먹는
김치찌개 너무 매워도
맵다
투덜댈 사람 없는데

잘 지내가
행복해져라는 뜻이었구나

미워하라고 하지 않고

김치찌개가
혼자 먹어도
마..히읕따...

너도 잘 지내

그래도
너무 잘 지내지는 마

조금만
그리워해줘

영원한 3분 42초

그 노래가 또 나온다

건너뛰기를 누른다

어젯밤엔
건너뛰지 못했다

If you love somebody
set them free

이미 그때부터
이별 연습을 하고 있었구나

3분 42초

우리 영원의 길이

사랑의 시제 변화

사랑해
전화 끝에 던지던 말

언제부턴가
입술에 걸리기 시작했다

어제는 친구에게 말했다
많이 사랑했어

어느새 더 깊어졌다
사랑했었는데

마음은 아직 10월인데
혀는 벌써 3월을 산다

몬스테라

베란다 구석 몬스테라가 고개를 숙인다

너와 함께 키우던 우리 아기

물 줄 시간이야

네 목소리가 들리는 것 같아서
물뿌리개를 내려놓을 수가 없다

하루에 두 번
세 번
네 번

몬스테라 잎이 노랗게 변했다

너도 이랬을까
내 사랑에 숨이 막혔을까

화분을 창가로 옮겼다
햇빛이라도 받으라고

잎이 또 하나 떨어졌다
아침마다 바닥에 떨어진
작은 이별 하나씩

사랑이 이렇게 죽는 거구나

혼자 보는 첫눈

첫눈이 내렸다
작년엔 둘이 맞았는데
올해는 나 혼자다
창문 서리에 쓴 글자
괜찮다
눈처럼 녹아내린다

결국,
나는 아직 괜찮지 않다

끝나지 않은 겨울

달력은 3월인데
내 마음은 12월이다

사람들이 얇은 옷을 입어도
나는 패딩을 벗을 수가 없다

6개월째
내 안에서만 눈이 내린다

상실의 계절

모든 것이 떨어진다

네 칫솔도
네 하트도
네 냄새도

Delete를 눌러도
47%를 넘겨도
침대를 바꿔도

여전히 너다

이게 상실이구나

떨어뜨리는 게 아니라
떨어지는 것

결국 그는

내 마지막 메시지에 답하지 않았다

나도 다시 보내지 않았다

그렇게 우린,

서로의 세상에서 조용히 사라졌다

2부
부치지 못한 편지

사라진 건 단순히 너만이 아니라,
집이라 부르던 공간의 온기였다.

편지는 늘 첫 문장에서 막힌다
읽히지 않는 말들, 번진 글씨
딸기우유와 함께 삼켜버린 고백
눈 내리던 날 젖어버린 봉투
길을 잃은 마음이 택배 상자 속에 남았다
1,000 통의 편지와 모자란 종이학
사라진 건 너만이 아니라
굿모닝 인사와 잘 자라는 말들
집이라 부르던 온기였다
남은 건 끝내 부치지 못한
내 마음뿐이다

첫 문장에 남긴 편지

안녕
쓰고 지웠다

잘 지내?
이것도 지웠다

보고 싶어
너무 직접적이다

그냥
이것도 애매하다

나한테 어떻게 그래

한 시간째 첫 문장만 쓰고 있다
편지지에는 지운 자국만 가득

결국 봉투에 이름만 썼다
보내지도 않을 편지의

가장 쉬웠던 첫 문장이
가장 어려워졌다

사랑해

카페 냅킨에 쓴 말

아메리카노를 시켰는데
바닐라 라떼가 나왔다

네가 늘 시키던 그 메뉴

냅킨에 볼펜으로 쓴다

보고 싶어

눈에 뭐가 들어갔나

번진 글씨

서랍에 넣어뒀다
번진 마음까지

쓰고 지운 이름

비가 온다

유리창에 네 이름을 새겼다
네가 자주 그리던 웃음 기호와 함께

빗물이 흘러내리며
그 웃음까지 지운다

호--

사라졌던 이름이
다시 번져 올라온다

편의점 앞에서 쓴 편지

밤 11시, 편의점 앞

휴대폰 메모장을 켠다

여기 우리 자리야

쓰고 지운다

기억나? 우리가 자주 오던

이것도 지운다

결국 아무것도 쓰지 못하고
딸기우유를 산다

빨대가
허공에 꽂힌다

눈 내리던 날의 봉투

눈이 내리는데
눈에서도 내린다

봉투를 샀다

보낼 곳 없는 편지를 위해

봉투를 봉했다
마음도 봉했다

눈이 그쳤다

봉투 위 글씨가
번진다

부치지 못한 고백

고백을 부쳤다

택배로

고백이라고 적힌 상자

깨지기 쉬움 스티커까지 붙여서

배송조회를 했다

배송중

3일째
배송중

일주일째

배송중

고백이 길을 잃었나 보다

편지 박스

편지를 썼다

1,000통

종이학을 접었다
사랑이 이루어진다고 해서

999마리

마지막 한 마리는
끝내 접을 수 없었다

1000마리가 되면
정말 끝일까봐

그 시절,
누군가를 전부로 여겼던 내가
참 예뻤고, 참 애틋했다.

결국 이별이란,
누군가를 떠나보내는 게 아니라

사랑할 수 있었던 나와의 이별이었다

루틴을 잃다

사람 하나를
잃은 게 아니다

그와 함께였던 루틴을 잃었다
집이라 부르던
마음의 공간을 잃었다

굿모닝 문자,
잘 자라는 인사,
도착했냐는 확인,
조심히 가라는 말도 사라졌다

밥은 먹었냐는 관심,
앞으로의 계획,
끝없이 이어지던 밤의 대화까지
이제는 없다

나는 사람을 잃었고,

루틴을 잃었고,
집을 잃었다

그리고 결국,
우리도 잃었다

반쯤의 약속

너에게 화난 건
네가 날 원하지 않았기 때문이 아니다
그건 이해한다
누구나 나를 원할 수는 없으니까

내가 놓지 못하는 건
네가 원하는 척했던 시간들이다

늦은 밤 흘리던 메시지,
'어쩌면'에 붙은 웃음,
약속처럼 들리던 반쯤의 말들

그때마다 나는
너의 침묵을 희망으로 바꾸고,
너의 애매함을 미래의 계획으로 바꾸었다

그래서 기다렸다
텅 빈 방에서 바보처럼

네가 남긴 건
빛이 되지 못한 그림자였는데,
나는 네가 떠나지 않을 거라 믿었고
너는 떠날 만큼만 머물렀다

사랑은 한순간에 무너진 게 아니다
조금씩, 소리 없이,
바람 빠진 타이어처럼
끝내 납작해졌다

내가 화난 건
네가 날 원하지 않았기 때문이 아니다
네가 나를 원하게 만들고,
내가 특별하다고 믿게 하고,
그것이 사랑이라 착각하게 했던
그 시간들 때문이다

남은 것은
채워지지 못한 자리와
내가 스스로 일깨운 진실뿐

3부
돌아가는 길 위에서

그렇게 나는,
내게 돌아오는 길을 배우고 있다.

모두가 잠든 새벽
가장 나다운 얼굴을 마주한다
지하철 창의 고독
마트 봉투의 무게
책상 위 눈물의 자리
편의점 밤을 지나며
나는 조금씩 단단해진다
낯선 미소와
냉장고 문에 쌓여가는 메모
흘리지 않는 눈물 속 근력
돌아오는 길 위에서
나는 다시 나를 배우고 있다

새벽 4시의 발견

새벽 4시
창문을 연다

가로등이 켜져 있다
나도 켜져 있다

거울을 본다
처음 보는 얼굴

외로워
소리 내어 말해도

메아리가 없다

그래서
더 진짜 같다

마트의 공기 하나

새벽 마트
혼자 장을 본다
우유 한 팩
달걀 한 판
식빵 한 봉지

계산대에서
카드를 내밀며
봉투 주세요

집까지 가는 길
봉투를 들고 걸으며
이 무게가
딱 나 하나 몫이구나

봉투 안
공기 하나가

유난히 무겁다

눈물의 자리1

눈물이 떨어진다
책상 위에

종이가 젖는다
두 손도 젖는다

작은 호수가 생겼다
쉽게 마르지 않는다

눈물은 그쳤지만
자리는 남아 있다

슬픔도
그런가 보다

느린 걸음

오늘은 지하철을 타지 않는다
한 정거장을 그냥 걷는다

신발끈이 풀렸다
묶지 않는다

느리게
발만 계속 움직인다

길고양이가 따라온다
나만큼 천천히

그림자가 둘이다

현관문 앞
그림자가 하나다

열쇠를 꺼냈다가
넣는다

다시 걷는다

놓칠까 봐,

이대로 멀어질까 봐,

조용히 무너지던 마음이

그 한마디에 숨을 쉰다

눈물의 자리2

세수하다가
거울에 비친 내 얼굴
눈 밑이 부었다

언제 울었을까

잠들기 전
이불을 덮으며
베개에 얼굴을 묻었던

그때였구나

눈물도 제자리가 있구나
내가 모르는 사이
돌아가는

제자리

식탁 한 귀퉁이

아침 식탁 위
빵 부스러기 몇 개

컵에 커피 자국이
갈색으로 말라간다

빈 의자 하나
햇살이 닿는다

식탁 한 귀퉁이에 앉아
빵 부스러기를 모은다
숨을 모은다

많다

깨진 그릇

설거지를 하다가
접시가 미끄러진다

바닥에 떨어져
세 조각으로 흩어진다

휴지로 조각을 모은다
큰 조각 하나
작은 조각 둘

손끝이 스치며
얇게 베인다

피 한 방울이
조각 위에 남는다

쓰레기통에 버리려다
멈춘다

가장 큰 조각을 꺼내
싱크대 위에 놓는다

아직
쓸 만하다

비 오는 날

비가 온다
우산이 없다

편의점에서 우산을 산다
2,000 원

예전엔 네 우산을
씌워줬는데

한 손이 남는다
주머니 속에서
허공을 쥔다

우산을 같이 쓰는 커플이 지나간다
어깨가 다 젖는다

혼자 쓰는 게 편하다

또,
거짓말

우산을 오른쪽으로
내민다

편의점 야간 근무

밤 11시부터 아침 7시까지
혼자 서 있다

도시락 데우는 소리
자동문 열리는 소리
냉장고 윙윙거리는 소리

새벽 4시
맥주 사 가는 회사원
새벽 5시
라면 끓여 먹는 대학생

아침 7시

네가 지나간다
손님처럼

햇살이
눈부시다

카페 알바생과 3초

아이스 아메리카노 하나요
네

카드를 건넨다
손끝이 스친다

3초.

처음 스친 손끝에
지나간 우리가 겹쳐진다

미안해
죄송해요

동시에 말한다

받은 커피가 따뜻하다

나에게 쓴 메모

냉장고에 붙인 메모
'내일은 우유 꼭 사기'

사흘째 그대로다

'외롭지만 배는 부르게!'

'우유보다 내가 먼저 상하지 말기'

'냉장고보다 내가 덜 비어있기'

저녁에 돌아와
새 메모를 붙인다

'라면 떨어져 감'

메모도 쌓인다

냉장고 문이
무거워진다

보이지 않는 근력

누군가 네 이름을 말한다
고개를 끄덕인다

아무렇지 않게

휴대폰에 네 사진이 뜬다
화면을 밀어 넘긴다

눈물이 나지 않는다

지하철에서
네가 스쳐 지나간다

모르는 사람처럼
고개를 돌린다

이별에도
근력이 있나보다

돌아가는 길 위에서

버스에서 내린다
가로등 불빛이 젖어 있다

비닐봉지 안에서
귤이 서로 부딪힌다

작은 터벅임이
오늘 하루를 따라온다

돌아가는 길 위에서

귤이 터지듯
내 마음도

조금씩 터진다

4부
계절은 다시 온다

마침표를 찍지 않는 노래처럼,
계절은 언제나 다시 온다는 것을.

닫힌 문틈 사이로
봄은 스며든다
옷깃의 낯선 향기
무심코 돌아본 시선이
나를 움직인다
서점에서의 우연
떨리는 손끝
조금씩 다가오는 바람과 목소리
다시 첫 문장 앞에 서서 망설이지만
꽃은 지고 또 피고
넘어진 무릎은 다시 조여 맨다

봄은 문틈으로 스민다

아직 겨울인데
벚꽃이 피었다

코트 속 주머니는
여전히 차갑다

문틈으로 들어온 햇살이
방 안을 건드린다

마음 한쪽에
먼지가 흩날린다

봄은 이렇게 온다

내가 준비되지 않아도

다시, 다른 사랑

옷깃에
낯선 향기가 스민다

익숙하지 않은 냄새가
하루 종일 따라온다

저녁 바람에 섞여
조금씩 달라진다

다시, 다른 사랑은
세탁할 수 없는
향기로 온다

새로운 이름을 연습한다

내 옷장에
낯선 셔츠가 걸린다

커피 주문할 때
입에 맴도는
다른 취향의 단맛

길을 걷다
무심코 고개를 돌리는
새로운 방향

나는 아직 부르지 않은
그 이름을
몸으로 먼저 연습한다

우연히 마주친 오후

서점에서
같은 책을 집는다

아
아

동시에 손을 뺀다

책갈피가 떨어진다
너의 것인지
내 것인지

계산대에서
뒤에 선다

네가 올린 책 위에
햇살이 비친다

나도 같은 책을 산다

서점 밖에서
발걸음이 느려진다

네가 먼저 말을 건다
안녕하세요

오후 햇살이
비스듬히 내린다

떨림과 함께 온 시간

휴대폰이 진동한다
이름이 뜬다

손끝이
땀에 젖는다

창밖에서
매미가 운다

심장 소리와
겹쳐 들린다

받을까
말까

여름의 떨림은
더 뜨겁다

조금씩 다가오는 바람

버스를 기다린다
정류장에 앉아

옆자리에
너의 그림자가 드리운다

바람이 분다
머리카락이 스친다

나는 괜히
휴대폰을 확인한다

조금씩 다가오는 바람은
날씨 때문인지
너 때문인지

너를 부르는 목소리

지하철이 들어온다
소음 속에서
네 이름을 부른다

사람들 발걸음에 섞여
목소리가 밀린다

이어폰을 낀 네가
내 쪽을 향해 웃는다

내 목소리가
네 음악보다
조금 더 컸나 보다

첫 문장이 어려워

빈 종이를
앞에 둔다

무슨 말을
써야 할지
손이 멈춘다

또다시
첫 문장 앞에서
멈춘다

마침표를 찍기도 전에
숨이 먼저 멎는다

첫 문장이 어려운 건
너 때문이다

꽃이 지고 다시 피듯

화분에 심은 꽃이
하루 만에 시든다

물이 부족했던 건지
햇살이 지나쳤던 건지

며칠 뒤
마른 줄기 끝에
연둣빛 점 하나가 돋는다

너도,
다시 사랑을 하는구나

다시 다칠 용기

달려오던 아이가 넘어진다
아이쿠

무릎에 붙은 반창고가
떨어진다
붉다

엉엉 우는 것도
잠시

운동화 끈을
다시, 조여 맨다

나도 다시,
조여 맨다

미래에게 쓴 노래

내년 봄에도
꽃을 심을 것 같다

화분을 하나 더 산다
베란다가 좁아진다

새 달력을 걸었다
빈 칸들이 많다

오늘 밤
일기장 마지막 페이지에 쓴다

"내일도"

마침표를 찍지 않는다

아직 끝나지 않은
이야기니까

epilogue — 작별 없는 편지

가장 외로운 순간마다
내 마음은 여전히
당신 이름을 속삭인다.

당신 눈빛 속에서
세상의 전부가 된 듯 웃던 그 순간,
그 기억만 떠올려도 가슴이 저린다.

혹시 지금은
그 웃음을 다른 누군가에게 건네고 있을까.

나는 끝내 작별하지 못했다.
머릿속에서만 존재하는 우리와.
네가 떠나지 않고,
내가 충분했던 그 세계와.

당신은 아마 알지 못할 것이다.
아마 신경 쓰지도 않을 것이다.

하지만 언젠가 당신이 궁금해한다면—
내가 아직도 당신을 느끼는지

대답은 '그렇다'이다.

나는 여전히
신경 쓴다.
다만 이제는,
티 내지 않고
살아가는 법을
배웠을 뿐이다.

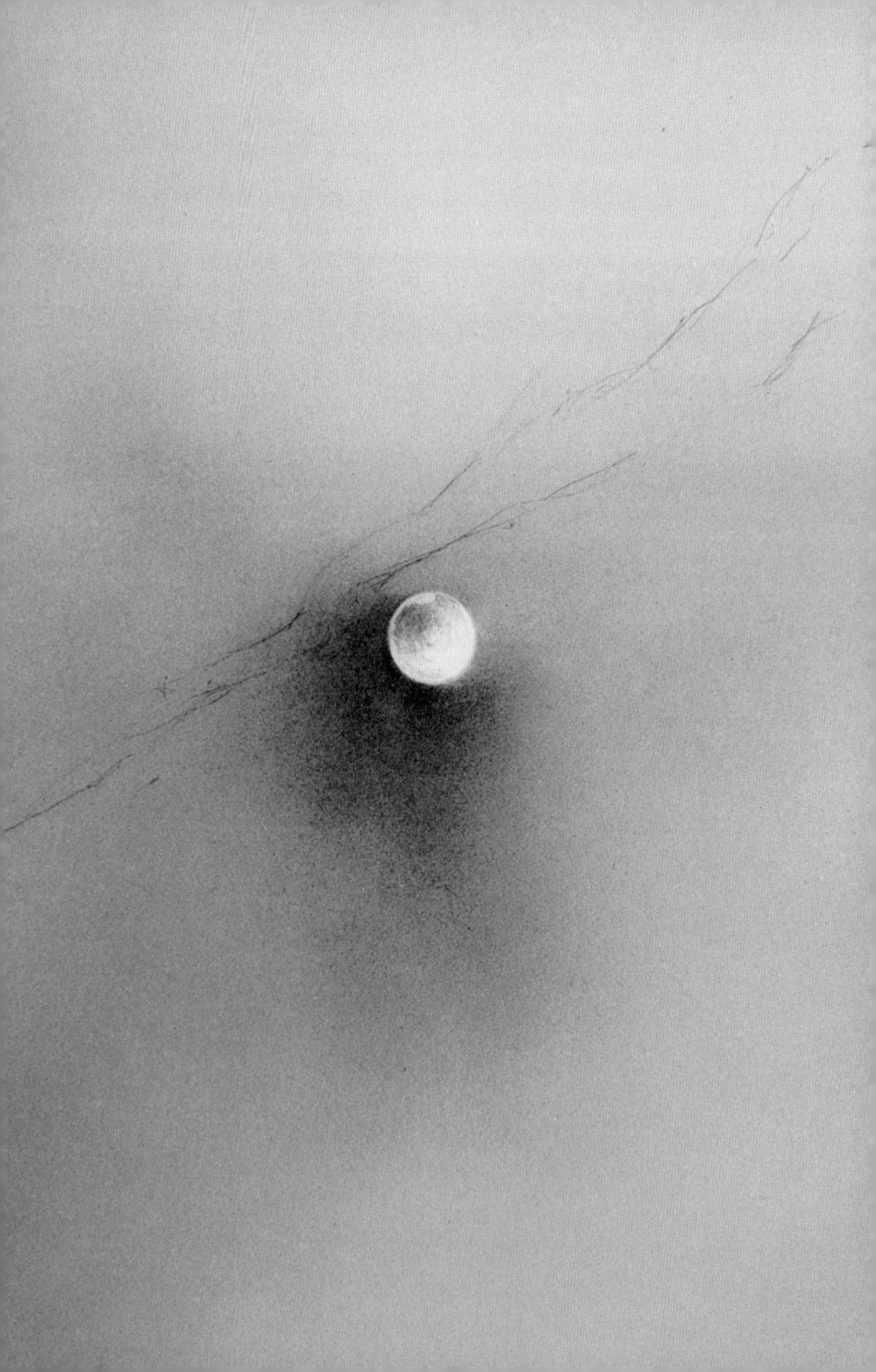

그리고 달에게 띄운다

네가 어디에 있든
무사하길 바란다
가슴이 터질 듯 달려가는 밤이
네게 오지 않기를
무엇을 하든 내 말이 닿기를

나는 아직도
너를 생각하고 있다고
달에게 전해본다

달빛 아래 내 사랑과
작은 감사 하나를 띄운다
내일 지구가 사라진다 해도
허무 속 어딘가에
우린 함께 있을 거라고 믿는다

스친 인연 하나로
지금의 내가 만들어졌으니

연결은
결코 완전해지지 않지만

어느 모서리에서
계속 이어진다

목차

시인의 말 10

1부 상실의 계절 16

네 칫솔이 말라가는 소리 18

멈춘 장면, 멈춘 우리 20

너의 주문을 따라하며 22

Delete를 17번 눌렀다 24

네가 그린 하트 이모티콘 26

한 달째 빨지 않는 베개커버 27

오른쪽이 너무 넓은 침대 28

진단명: 그리움 29

두 글자의 이별 30

영원한 3분 42초 32

사랑의 시제 변화 33

몬스테라 34

혼자 보는 첫눈 36

끝나지 않은 겨울 37

상실의 계절 38

2부 부치지 못한 편지 42

첫 문장에 남긴 편지 44

카페 냅킨에 쓴 말 46

쓰고 지운 이름 47

편의점 앞에서 쓴 편지 48

눈 내리던 날의 봉투 50

부치지 못한 고백 51

편지 박스 53

루틴을 잃다 56

반쯤의 약속 58

3부 돌아가는 길 위에서 62

새벽 4시의 발견 64

마트의 공기 하나 65

눈물의 자리1 67

느린 걸음 68

눈물의 자리 2 72

식탁 한 귀퉁이 73

깨진 그릇 74

비 오는 날 76

편의점 야간 근무 78

카페 알바생과 3초 80

나에게 쓴 메모 82

보이지 않는 근력 84

돌아가는 길 위에서 86

4부 계절은 다시 온다 88

봄은 문틈으로 스민다 90

다시, 다른 사랑 91

새로운 이름을 연습한다 92

우연히 마주친 오후 93

떨림과 함께 온 시간 95

조금씩 다가오는 바람 96

너를 부르는 목소리 97

첫 문장이 어려워 98

꽃이 지고 다시 피듯 99

다시 다칠 용기 100

미래에게 쓴 노래 101

epilogue — 작별 없는 편지 104

다시, 사랑을 쓴다는 것

초판 1쇄 발행 2025년 11월 14일

지은이 서린
펴낸이 이유경
편 집 이유경
디자인 김학윤
삽화 서린

펴낸곳 인생서당
출판등록 제 2024-000013 호
주소 경남 김해시 김해대로 2326
이메일 thelifesudang@gmail.com

값 13,600원

ISBN 979-11-987889-1-7

ⓒ 서린 2025
Illustrations ⓒ 서린 2025

* 이 책의 저작권은 지은이와 인생서당에 있습니다.
* 책 내용의 전부 또는 일부를 이용하려면 반드시 양측의 서면 동의를 받아야 합니다.
* 잘못 만들어진 책은 구입하신 서점에서 교환해 드립니다.